DÉVELOPPEMENS DU RÉGIME HYPOTHÉCAIRE,

ET

RÉPONSES AUX OBJECTIONS

PRÉSENTÉES CONTRE CE RÉGIME,

Dans le rapport, fait au conseil des Cinq Cents, le 11 germinal, an 4.

Par le Citoyen JEAN-FRANÇOIS EUDE,

Au nom de la commission chargée, le 26 frimaire, an 4, de la révision du code hypothécaire.

30 GERMINAL, AN 4.

Ces Réponses font suite à l'ouvrage intitulé : *De la conservation générale des hypothèques. Notions succinctes de cet établissement et de ses principaux effets sur le régime social. Ventose, an 4*, in-4°. de 22 pages, distribué aux deux conseils du corps législatif ; ouvrage dans lequel on a développé le régime des hypothèques.

DÉVELOPPEMENS
DU RÉGIME HYPOTHÉCAIRE,
ET
RÉPONSES AUX OBJECTIONS
PRÉSENTÉES CONTRE CE RÉGIME,

Dans le rapport fait au Conseil des Cinq Cents.

LE rapporteur de la commission chargée de la révision du code hypothécaire, propose, dans son rapport du 11 germinal, an 4, l'anéantissement des lois qui ont établi le nouveau régime hypothécaire, et indique en même temps les bases d'un autre système, afin qu'un nouvel édifice puisse du moins prendre la place de l'autre.

Nous allons démontrer en peu de mots l'insuffisance et la défectuosité de ce système; après quoi nous releverons les erreurs qui sont échappées au rapporteur sur l'ensemble et les effets du code hypothécaire du 9 messidor, an 3, dont il demande le rapport.

Bases du système d'hypothèque du rapporteur.

Première base. *L'emprunteur feroit connoître lui-même au prêteur son actif immobilier, ou la consistance et la valeur de ses propriétés territoriales.* Page 7 du rapport, lignes 36 et 37.

Réponse. C'est précisément de l'emprunteur qu'on se défie le plus; et à moins qu'il ne possède au plus haut dégré le talent de persuader au capitaliste 1°. que ses titres de propriété sont vrais ou exempts de reproche; 2°. que les biens qu'ils énoncent sont encore dans sa main; 3°. que, déduction faite de leurs charges, ils sont en état de répondre de la dette ou du prêt; il doit le trouver sourd à la demande d'emprunt, ou disposé à vendre très cher ses capitaux.

A la différence du code hypothécaire qui donne pleinement la garantie de ces trois choses.

Deuxième base. *A l'égard du passif dont les biens de l'emprunteur se trouveroient grevés, la connoissance en seroit acquise au moyen de ce que tous les créanciers hypothécaires seroient tenus de faire inscrire leurs titres, non au bureau de la situation des biens, mais à celui du domicile du débiteur.* Page 8, lignes 10 — 12.

Troisième base. *En cas de changement de domicile du débiteur, les inscriptions se reporteroient par simple note sur le registre du bureau du departement du nouveau domicile.* Page 8, lignes 15 — 17.

Réponse. Si, comme on vient de l'exposer sur la première base, il n'y a aucune certitude de l'actif immobilier de l'emprunteur, la connoissance de son passif devient absolument inutile au prêteur.

Mais supposons qu'il y prenne quelqu'intérêt, le mode proposé, et qui consiste à faire inscrire les hypothèques au bureau du domicile du débiteur, n'a rien d'assuré pour l'emprunteur ni pour le créancier.

Car 1°. le débiteur se gardera bien de faire reporter à son nouveau domicile l'inscription de ses dettes faite à l'ancien. Il faudra, par conséquent, que chaque créancier en prenne le soin pour ce qui le concerne.

Mais le débiteur qui voudra abuser du crédit attaché à ses propriétés territoriales ne devra-t-il pas changer furtivement de domicile à l'instant où il ne pourroit plus faire aucun usage de ce crédit dans le lieu où il auroit déjà contracté ?

4°. Le débiteur peut avoir en même-temps plusieurs domiciles. Quel est le véritable? Quel est le domicile par excellence? Cette question fait le tourment des tribunaux où elle se présente assez fréquemment en matière de successions mobiliaires, de mariages, de compétence, etc. etc. Mais en attendant qu'elle soit bien ou mal décidée, que feront les créanciers pour prévenir la perte du rang de leur hypothèque, ou empêcher la disposition du gage à leur préjudice?

Concluons de là qu'il n'est pas possible de s'écarter du principe qui veut que l'hypothèque étant un droit réel ne puisse se constater ailleurs qu'au bureau de la situation des biens; et c'est ainsi que le code l'a réglé.

Quatrième base. *Le constat du passif résultera d'un simple certificat délivré par le fonctionnaire public chargé de la tenue du registre des inscriptions.* Page 8, lignes 13 — 15.

Réponse. Voilà qui est bien, à la différence capitale que, suivant le code du 9 messidor, le certificat ou plutôt la cédule qui en tient lieu donne hypothèque du jour où elle a été requise, et que, s'il n'en étoit pas de même du certificat proposé, rien ne garantiroit au prêteur que le passif de l'emprunteur ne s'est pas grossi dans l'intervale écoulé entre la date de ce certificat et le moment où il en argumente pour faire ouvrir la bourse du prêteur.

Cinquième base. *Dans ce système l'hypothèque indéfinie peut être maintenue.* Page 8, lignes 30 et 31.

Réponse. Non, puisque le montant de ces sortes de créances étant nécessairement inconnu, il en résulte l'impossibilité absolue de se faire aucune idée de l'étendue du passif, et par conséquent de s'en aider pour arriver plus facilement au prêt à intérêt.

Nous démontrerons aussi page 5 ci-après, que cette base est incompatible avec le système des lettres de ratification.

Sixième base. *En cas d'expropriation, l'acquéreur purgeroit les hypothèques par la voie des lettres de ratification.* Page 7, lignes 30 et 31.

Réponse. Les lettres de ratification seront expédiées au bureau de la situation des biens, comme il en était usé précédemment, ou bien elles le seront au bureau du domicile du vendeur; c'est ce que ne dit point le rapporteur.

Dans la première hypothèse, son système d'inscription s'écroule nécessairement, puisqu'il faudrait toujours en revenir à faire connaître sa créance au bureau de la situation des biens où les lettres de ratification devraient être expédiées.

Dans la seconde hypothèse, qui est celle où l'on suivrait le domicile du vendeur, on retrouve les mêmes inconvéniens, les mêmes fraudes, la même improbité qui découlent des deuxième et troisième bases de ce nouveau système.

Septième base. *Réduire à un seul par département le nombre des bureaux de la conservation des hypothèques.* Page 8, lignes 5—7; page 27, lignes 2 et 3.

Réponse. Cette réduction pourrait tout au plus s'effectuer, si le travail des conservateurs se bornait à l'expédition des lettres de ratification et à la réception des oppositions; encore serait-elle nuisible aux administrés qu'elle entraînerait dans des déplacemens et des frais de voyage supérieurs à l'économie espérée de cette réduction, indépendamment du préjudice occasionné par les retards que la distance apporterait dans l'expédition des affaires.

Mais dans le système des inscriptions obligées, la réduction dont il s'agit est impraticable.

A plus forte raison dans celui où les conservateurs sont chargés du constat de solvabilité.

Au surplus, ce que l'expérience a déjà prouvé, c'est que le service du nouveau régime ne peut se faire à moins de quatre ou cinq bureaux de la conservation des hypothèques par département.

C'en est assez pour donner une idée exacte du plan d'hypothèques que le rapporteur désirerait substituer au code du 9 messidor, an 3.

Au reste, nous ne nous sommes livrés à cette discussion que parce qu'il en découle les deux propositions suivantes, qu'il nous paraît extrêmement utile au perfectionnement de l'intelligence de mettre en évidence.

1°. *Dans tout système d'hypothèque, l'inscription obligée des créances est inutile et sans objet, si l'on veut maintenir l'hypothèque indéfinie, puisque celle-ci est un obstacle perpétuel à la connaissance du passif.*

2°. *L'inscription obligée des créances, même avec la cessation de l'obstacle dont il s'agit, est pareillement inutile et sans objet, si le même régime ne donne pas au débiteur ou à l'emprunteur la faculté de faire constater,* LÉGALEMENT ET PAR DES FONCTIONNAIRES RESPONSABLES, *son actif immobilier, puisqu'alors il lui devient impossible de justifier de sa solvabilité, qui consiste évidemment dans l'excès de l'actif sur le passif.*

Passons actuellement aux objections faites par le rapporteur de la commission du code contre le régime hypothécaire décrété par la convention nationale.

Il a divisé son rapport en deux parties, l'une du régime des hypothèques, l'autre du système cédulaire. Procédons de la même manière.

Régime hypothécaire.

Première objection. *Le nouveau code abroge les hypothèques légales ou tacites, (celles acquises par la seule volonté de la loi qui la confère, sans qu'il soit nécessaire du consentement des parties intéressées ni d'aucune stipulation verbale ou écrite).* Page 3 du rapport du citoyen Eudo, lignes 14—21.

Réponse. L'hypothèque légale n'a pu être admise que par exception au droit commun : toute exception renferme des inconvéniens plus ou moins graves. Il y en avait d'assez grands pour la faire cesser, et cependant telle est la bonté du régime adopté par la convention, que rien ne serait plus facile que de rétablir l'exception dont il s'agit, sans changer ni dénaturer aucune des autres dispositions du code.

Deuxième objection. *Il anéantit l'hypothèque indéfinie*, ou (ce qui revient au même), oblige d'en déterminer le montant précis. Page 3, lignes 22—32.

Réponse. On a fait voir à la page précédente qu'il n'y a point de régime hypothécaire avec la condition de l'hypothèque indéfinie.

Son existence, sous cette forme permanente, ne tendrait pas moins qu'à arrêter le commerce des biens territoriaux en rendant impossible la distribution de leur prix.

C'est ce qui a été très-bien senti lors de la confection de l'édit de juin 1771.

Aussi, 1°. Les lettres de ratification, établies par cette loi, purgent-elles toutes les hypothèques, même celles indéfinies, articles 7 et 17 de l'édit cité, à la seule exception des douaires non ouverts, article 32.

2°. Lorsque, parmi les opposans, il se rencontre des hypothèques indéfinies, les créanciers sont-ils tenus d'en déterminer le montant précis, sous peine de main levée ou de privation de leur droit sur la distribution du prix: ce qui ne se fait néanmoins le plus souvent qu'après avoir dévoré la chose en frais de litige.

Si l'on compare cette opération tardive avec celle propre au code, on verra que le nouveau régime n'a fait autre chose que de prescrire au créancier de faire aujourd'hui ce à quoi il serait condamné demain par le seul fait de l'expropriation, et d'avoir ainsi prévenu la ruine du vendeur, et tout-à-la fois de ses créanciers.

Troisième objection. *Le code ne reconnaît plus l'action de l'hypothèque sur les biens meubles.* Page 3, lignes 33—36.

Réponse. Il n'y a pas plus d'un quinzième du territoire de la république, où les meubles soient susceptibles d'hypothèque, et encore dans les pays qui reconnoissent cette hypothèque on ne peut l'y asseoir qu'à travers les fraudes et l'immoralité les plus révoltantes.

Voilà pourquoi les comités de législation en ont proposé l'abolition dans les deux projets de code civil présentés à la convention.

On peut aussi, pour cette question, jetter les yeux sur les pages 6 et 7, nos. 29, 30 et 31 des *notions succinctes* rappelées en tête de ce mémoire.

Au reste, rien n'empêche le créancier hypothécaire de procéder contre son débiteur par voie de saisie-exécution de ses meubles. C'est un droit que le code hypothécaire laisse dans son entier.

Quatrième objection. *Il proscrit tous les privilèges de créances; et réduit à une simple préférence sur le prix de la chose le privilège du bailleur de fonds, en lui ravissant son droit d'envoi en possession.* Page 3, lignes 37—40; page 4, lignes 1—5.

Réponse. Nous avons cherché et nous n'avons trouvé nulle part, dans le code du 9 messidor, an 3, aucune disposition qui ravisse au bailleur de fonds son droit d'envoi en possession.

Il nous a paru au contraire qu'il y manquait une disposition essentielle, et qui n'échappera point aux vrais penseurs.

C'est celle dont l'objet serait de soumettre l'action d'envoi en possession à des formes d'expertise assez peu dispendieuses, mais assez exemtes de fraude et de collusion, pour enlever au bailleur d'un fonds que le débiteur aurait amélioré, et qui, au moment de l'envoi en possession, se trouverait d'une valeur supérieure à celle pour laquelle il a été concédé, la scandaleuse faculté de s'enrichir aux dépens des autres créanciers.

Le privilège de la contribution foncière étant également conservé, et le rapporteur n'ayant pas spécifié les autres dont il veut parler, on ne peut savoir s'il était utile ou inconvenant de les laisser subsister.

Cinquième objection. *Il conserve l'hypothèque sur les biens à venir, mais il la rend illusoire par sa circonscription dans l'arrondissement du bureau où il exige que la créance soit inscrite, etc.* Page 4, ligne 6 — 11.

Réponse. En est-il et peut-il en être autrement dans le régime des lettres de ratification? On chercheroit vainement un mode par lequel le créancier puisse conserver autrement que par la voie de l'opposition dans chacun des bureaux de la situation des biens de son débiteur. Mais il y a cette différence toute à l'avantage du code, c'est que l'inscription qui remplace l'opposition dure dix années, au lieu que l'opposition aux lettres de ratification devoit être renouvellée tous les trois ans.

Sixième objection. *L'inscription est à la charge des créanciers.* Page 4, lignes 21 — 22.

Réponse. Loin que le code se soit ainsi exprimé, on trouve, dans les articles 165 et 221, la preuve que les frais de radiation d'inscription sont à la charge du débiteur, s'il n'y a clause contraire dans les actes.

Il est facile d'ailleurs de lever tout doute à l'égard des frais d'inscription, en y statuant de la même manière, par une disposition additionnelle qui rentreroit parfaitement dans l'esprit de la loi.

Septième objection. *Il faut que les créanciers se fassent délivrer par le notaire un double extrait de leurs titres sur papier timbré, contenant le bordereau de leurs créances.* Page 4, lignes 30 — 34.

Réponse. Un simple extrait notarié et rien de plus, article 20; car ce que le rapporteur appelle double extrait n'est autre chose que le bordereau de la créance, en papier timbré, qui n'a besoin du ministère ni de la signature d'aucun notaire, et au bas duquel le conservateur doit donner sa reconnoissance d'inscription, art. 21 du code.

Huitième objection. *L'hypothèque perd son rang si l'inscription n'est renouvellée avant le laps de dix ans; et, en cas de décès du débiteur, il faut encore la renouveller sur ses héritiers, si l'on veut qu'elle frappe sur leurs propres biens.* Page 4, lignes 35 — 38.

Réponse. Le laps de dix années est le terme ordinaire de la prescription, et celui adopté dans les deux projets de code civil.

A l'égard de l'hypothèque sur les biens personnels de l'héritier, non provenans de l'hérédité, la disposition dont il s'agit est une conséquence immédiate du principe qui admet en ce cas la distinction des deux patrimoines, et veut que l'héritier ne puisse, par le fait de son acceptation pure et simple de l'hérédité, conférer sur ses biens personnels, et en faveur des créanciers de la succession, une hypothèque au préjudice de ses propres créanciers.

Neuvième objection. Le rapporteur critique avec beaucoup d'amertume les dispositions des articles XXIX — XXXIV du code, par lesquels le législateur a voulu prévenir l'extension immodérée que le créancier chercheroit à donner à son hypothèque, en absorbant, par la voie de l'inscription en plusieurs arrondissemens, les biens de son débiteur qui pourroient se trouver cinquante ou cent fois plus considérables que la dette, et en le privant par là de la faculté de recourir au plus nécessaire des contrats, le prêt à intérêt, sans lequel il n'y a ni amélioration du sol, ni prospérité publique à espérer. Il employe à cette discussion la page 4, lignes 39 — 40; la page 5; et la page 6, lignes 1 — 33.

Réponse. D'abord les dispositions dont il s'agit sont purement facultatives, puisque si le créancier renonce à l'exigibilité de la dette, ainsi qu'il le peut, suivant l'article 35, il n'y a plus lieu à l'action du débiteur en radiation des inscriptions exagérées.

En second lieu, si les inconvéniens momentanés de la chose surpassent le bien qui en doit résulter, rien de plus facile que de retrancher ces articles du code : ses autres dispositions n'en souffrent pas la plus légère altération : il y gagnera sans doute plus de simplicité, et peut-être est-il bon de laisser au temps à décider s'il est utile d'apporter cette limitation au droit des créanciers.

Voilà pourquoi on ne relevera point ici les erreurs dans lesquelles le rapporteur est tombé à l'occasion de cette discussion.

Dixième objection. *Le rapporteur critique aussi la déclaration foncière exigée en plusieurs cas prévus par le code hypothécaire, qu'il appelle* ABSURDE ET DÉTESTABLE INVENTION. Page 6, lignes 34 — 40; page 7, lignes 1 — 19; et page 8, lignes 23 — 24.

Réponse. Comme cette question tient à la fois et au système cédulaire et au cadastre, nous la renvoyons à sa véritable place qui se trouvera page 17 ci-après.

Ici finissent les objections du rapporteur sur le régime des hypothèques, qu'il termine par l'énoncé du plan qu'il propose d'y substituer, et dont on a donné l'analyse pages 3, 4 et 5 de ce mémoire.

Système cédulaire.

Nous supposons ici le lecteur familiarisé avec la cédule hypothécaire. S'il ne l'étoit pas, il en auroit une connoissance très-approfondie dans les *Notions succinctes*, pages 16 et 17, n°s. 81, 82 et 83, qui le mettront à portée de reconnoître l'excellence de ce papier, et combien il l'emporte sur les meilleures lettres de change, et même sur l'hypothèque privilégiée.

Le rapporteur lui-même n'a pu s'empêcher de convenir de la bonté de la cédule, en déclarant, page 17, lignes 27—30, que *le capitaliste qui auroit à choisir entre la cédule du propriétaire et le simple billet du négociant, préféreroit sans doute la cédule qui lui donneroit une garantie certaine à un effet sur lequel il courroit le risque de la perte de ses fonds.....*; mais il prétend, contre l'évidence, qu'elle augmente l'intérêt de l'argent, altère le crédit des propriétaires, renverse celui des commerçans, ruine le crédit public, et augmente les ministères inutiles.

Suivons-le dans le même ordre.

§. Ier.

De l'intérêt de l'argent.

Il assigne pour principale cause de la hausse de l'intérêt de l'argent, la rareté du numéraire et la concurrence des emprunteurs, et il part de là pour faire deux objections.

Première objection, traduite littéralement. *Le système cédulaire ne remédiera pas à la rareté du numéraire, car la cédule n'est pas un papier monnoie; elle ne peut en tenir lieu, puisqu'elle n'est payable qu'à terme, et qu'à l'échéance, si le débiteur ne l'acquitte pas, le porteur est obligé d'employer trois mois à des formalités de vente judiciaire avant d'être payé.* Page 10, lignes 14—19.

Réponse. Les billets de commerce à ordre et les lettres de change, qui n'ont aucun caractère de monnoie, puisque leur admission dans les paiemens est purement volontaire, ne grossissent-ils donc pas de tout leur montant en émission la circulation de la monnoie proprement dite; et peut-il en être autrement des cédules hypothécaires, sans renverser les notions les plus simples de la raison et de l'expérience? Or s'il y a en circulation 2 milliards 400 millions de numéraire, avec 1600 millions de billets de commerce et lettres de change, plus 1 milliard de cédules, cela ne fait-il pas 5 milliards de circulation?

A la vérité ni les lettres de change ni les cédules ne doivent solder les dépenses journalières de la vie, ni entrer dans les petits paiemens; c'est au numéraire que cet office est réservé: elles sont donc employées à des paiemens si non aussi urgens au moins plus considérables; mais qu'importe l'espèce de service qu'elles remplissent dans la circulation totale, si l'effet est le même?

Deuxième objection. *D'un autre côté, si le système cédulaire s'établissoit d'une manière active, la concurrence des emprunteurs n'auroit jamais été si considérable, et elle iroit toujours en croissant, à raison du nombre des propriétaires qui profiteroient de la voie cédulaire pour emprunter.* Page 10, lignes 20—24.

Plus bas il ajoute: *D'ailleurs le système cédulaire ne profitera pas à l'emprunteur insolvable, même à celui dont la solvabilité seroit douteuse, puisque, pour être admis à céduler, il faut avoir des propriétés libres d'hypothèque, et que la cédulisation ne peut s'étendre que jusqu'à concurrence des trois quarts de leur valeur capitale.* Page 10, ligne 38; page 11, lignes 1—5.

Réponse. Si le régime cédulaire ne profite pas au propriétaire insolvable, celui-ci ne pourra

donc

donc point augmenter la concurrence des emprunteurs, comme il le faisoit avant l'introduction de ce régime ; voilà donc au contraire la concurrence diminuée de toute la classe des insolvables. A l'égard des propriétaires en état de répondre, le crédit cédulaire les déterminera-t-il à se livrer à des emprunts plus multipliés que par le passé ? Non, car il y a un maximum au-delà duquel il n'est plus profitable de recourir à l'emprunt ; et aussi-tôt que ce terme est arrivé, la concurrence cesse d'avoir lieu jusqu'à ce qu'ensuite la baisse de l'intérêt vienne offrir de nouveaux bénéfices aux emprunteurs. Telle est l'alternative du jeu et de la combinaison des intérêts dans l'état social.

Si d'une autre part on fait attention que la baisse de l'intérêt en Europe s'est fait sentir à chaque époque où le commerce a pu émettre une plus grande somme de billets à ordre et de lettres de change, et si l'on prend la peine d'en rechercher la cause, on trouvera 1°. que la lettre de change tenant lieu de numéraire à celui qui la fait entrer dans ses paiemens, sous la condition de l'escompte, il n'a plus besoin de recourir à la bourse des capitalistes : 2°. qu'à l'égard de celui qui doit la solder à son échéance, rien ne peut le forcer d'y employer du numéraire effectif, si ce n'est dans le cas de l'une de ces deux choses, ou bien la perte de son crédit qui ne lui permettroit plus de faire accepter en paiement d'autres lettres de change, ou bien la position du dernier porteur qui, n'ayant de son côté aucune solde à effectuer, veut thésauriser jusqu'à nouvel emploi de ses fonds.

Ainsi donc, moyennant l'escompte, une lettre de change se transforme presque toujours en une autre, et ne cesse de circuler ainsi que lorsqu'elle rencontre un insolvable pour la payer, ou un porteur qui préfère la thésaurisation aux bénéfices de l'escompte ; et comme ces deux circonstances ne laissent pas que d'être rares, il suit de-là que la concurrence des emprunteurs est d'autant moins grande que le crédit ou la circulation des lettres de change et billets à ordre du commerce est plus étendu.

Appliquant ces principes à la cédule, qui vaut encore mieux que la lettre de change, et qui comme elle peut être renouvellée, on trouvera à plus forte raison que loin d'augmenter le nombre des emprunteurs, elle accroîtra, au contraire, celui des prêteurs.

Ces vérités sont si palpables, elles sont devenues si usuelles, que nous ne pouvons trop nous étonner qu'elles aient échappé au rapporteur de la commission.

Cependant on croiroit qu'il les a entrevues, lorsqu'il propose, page 11, lignes 23 — 27, de substituer aux cédules, si on le juge utile, des billets à ordre, passés devant notaires ; mais on s'apperçoit bientôt qu'il n'en est rien, puisque cette idée pèche par sa base fondamentale, qui est, comme on l'a précédemment observé, le défaut de garantie de la solvabilité de l'obligé.

Viennent ensuite, page 10, lignes 25 — 37 ; page 11, lignes 6 — 39 du rapport, diverses observations fondées sur les deux premières propositions qui, étant évidemment erronées, nous dispensent de toute réponse à ces observations.

Troisième objection. *Les frais de cédulisation coûteront plus de 3 pour 100 par an au propriétaire, ce qui ajouté à l'intérêt ordinaire du prêt, le rendroit excessif, et il donne pour exemple une cédule de 10,000 francs requise sur 100,000 francs de propriétés territoriales situées en quatre communes ou cantons différens.* Page 12, lignes 18 — 38 ; page 13, en entier ; et page 14, lignes 1 — 9.

Réponse. Nous prendrons aussi le même exemple, pour ne pas sortir des limites qu'il a tracées lui-même.

Enregistrement aux bureaux de la conservation des hypothèques de quatre déclarations foncières.	4 l. 00 s.	26 l.
Droit de 1 pour 2500 de la valeur capitale, non sur 100,000 l. mais seulement sur 15,000 l. par les raisons expliquées plus bas.	6	
Requisition de cédule.	4	
Délivrance.	3	
Droit d'un pour 2000 d'une cédule de 10,000 liv.	5	
La radiation à l'échéance étant purement facultative, ne devroit pas entrer ici en ligne de compte ; mais comprenons-la par précaution.	4	

De l'autre part. . . . . 26 l.

Droit d'un demi pour cent du montant de la cédule, dû au trésor public. . . . 50

Timbre des quatre déclarations foncières.	3 l.	15 s.	8
Enregistrement de l'attestation.		5	
Salaires du notaire pour cette attestation, qui ne comporte pas un acte de plus de dix lignes. Voyez le modèle à la suite du code.	2		
Dépôt au greffe de l'administration municipale.	2		

Total pour une cédule de 10,000 l. hypothéquée sur des biens situés en quatre communes différentes, ... 84 l.

Et non pas 310 liv. ou 3 pour 100, comme le prétend le rapporteur.

Il nous reste à dire en quoi son calcul est fautif.

1°. Il employé 40 liv. pour le droit d'un pour 2500 de la valeur du gage, et nous seulement 6 francs, parce qu'en effet le requérant cédules ne sera point assez ennemi de sa bourse pour offrir un gage de 100,000 francs, lorsqu'il n'a besoin que d'une cédule de 10 mille, et qu'il lui suffiroit de présenter des propriétés territoriales pour un tiers en sus, ce qui revient à 13,333 francs; mais dans notre calcul nous les portons à 15,000 pour avoir une plus grande marge.

2°. Il emploie, par approximation, 50 francs en droits casuels d'expertise, etc., que nous rejetions entièrement, parce que d'une part celui-là qui ne veut céduler que 10,000 francs de ses biens, lorsqu'ils sont d'une valeur très-supérieure, en offre toujours assez pour ne pas tomber dans les frais dont il s'agit, et que de l'autre le conservateur serait puni de sa bourse, suivant l'article 76, pour avoir provoqué une expertise inutile.

3°. Il emploie aussi par approximation, 50 francs en droits de timbre, d'enregistrement, frais de notaire et de scribe pour les quatre déclarations. Nous réduisons cette somme à 8 francs, parce qu'il n'est presque pas de propriétaire qui n'ait dans sa main l'état de ses biens, et qui, pour peu qu'il sache écrire, ne puisse rédiger lui-même et transcrire ses déclarations, sans recourir au ministère de scribes ou de notaires dont il est dispensé par l'article 19 de la loi sur les déclarations foncières. C'est un soin beaucoup moins coûteux que la perte de temps qu'un propriétaire solvable employait autre fois pour obtenir des capitaux. Supposons d'ailleurs le cas extrêmement rare où il n'aurait par-devers lui aucun des élémens de sa propriété, et ne pourroit y suppléer de lui-même, ne les obtiendra-t-il pas sur-le-champ et gratuitement, soit de ses fermiers, soit des personnes dévouées à ses intérêts, dans le lieu de la situation des biens?

Au reste, déjà plusieurs membres du corps législatif et même des assemblées précédentes ont profité des dispositions de la loi pour faire eux-mêmes leurs déclarations foncières, qu'ils sont bien loin de regarder comme une *absurde et détestable invention*.

Dans les seuls bureaux de Figeac et de Gourdon, département du Lot, il en a été déposé, pendant le cours du mois dernier, 255 dont 129 au bureau de Figeac, et 126 à celui de Gourdon.

Croit-on de bonne foi qu'on eut obtenu de pareils résultats, si la dépense avait été aussi considérable?

4°. Enfin, le rapporteur fait entrer dans ses 310 livres, une somme de 100 francs, toujours par approximation, pour frais de déplacemens et démarches, etc. etc.

Voilà certes une grande générosité de la part de celui qui, n'étant pas sur les lieux, pourrait y envoyer sa déclaration toute prête avec ses titres de propriété, accompagnés de sa procuration, ainsi qu'il a droit de le faire en vertu de l'article 41 du code.

Mais comme on ne doit pas supposer la superfluité des dépenses, il nous est impossible de faire entrer celle-ci en ligne de compte.

Reste donc toujours pour une cédule de 10 mille livres. . . . . 84 francs.

Ce n'est pas tout : le rapporteur énonce un gage de 100 mille francs situé en quatre communes ; mais l'une d'elles doit en posséder au moins 25 mille ; et comme il suffit au réquérant de présenter des biens jusqu'à la valeur de 15 mille, somme très-large pour une cédule de 10, la déclaration foncière de ceux situés dans les trois autres communes devient donc inutile à son objet : il faut donc encore retrancher du calcul du rapporteur ainsi que du nôtre, le triple emploi qui y a été fait à l'occasion de ces déclarations foncières, consistant, savoir :

Enregistrement au bureau de la conservation des hypothèques	3 l.		
Timbre	»	18 s.	»
Dépôt au greffe de l'administration municipale	1	10	»
Total à retrancher	5 l.	8 s.	»

Il est donc démontré que les frais d'obtention d'une cédule de 10 mille francs se réduisent à 78 francs 6 décimes.

Portons les, en somme ronde, à 80 francs, et voyons ce qu'il en coûte communément pour emprunter sur hypothèque le même capital de 10 mille francs par la voie des notaires ou des banquiers.

1°. Remise du notaire ou du banquier, appelée la pistole par mille, et qui est en effet d'un pour cent, ou de dix par mille			100 fr.	
2°. Coût de l'acte notarié, savoir :				
Timbre	»	6 décim.	100	6 décim.
Enregistrement	75			
Salaires du notaire pour minute et expédition	25	»		
TOTAL			200 fr.	6 décim.

Et remarquez que l'on ne fait point entrer ici, comme le rapporteur l'a imaginé de la radiation de la cédule, les frais de la quittance notariée que doit recevoir l'emprunteur au moment de sa libération, et qui seroit un objet d'environ 50 francs.

Au surplus, nous devons observer qu'il y a des villes telles que Paris, où les notaires qui font la négociation, s'en tiennent à la pistole par mille et aux seuls déboursés de l'acte notarié, ce qui réduit les frais d'emprunt à . . . . 175 fr. 6 décim.

D'autres où ils y font entrer leurs salaires pour minute et expédition, lorsque l'objet du prêt est moins considérable.

D'autres enfin, telles que Toulouse, où les notaires prennent en sus moitié de la pistole par mille pour salaire de l'acte d'emprunt ; et là comme ailleurs les mêmes frais se reproduisent à l'égard du créancier, lorsqu'il a besoin de négocier ou vendre sa créance.

En un mot, partout où nous avons interrogé les usages, nous avons trouvé que la cédule étoit le moins dispendieux de tous les actes qui ont pour objet d'assurer le prêt à intérêt sur hypothèque.

A présent que l'évidence de cette proposition est mise dans tout son jour, reprenons la seconde objection, et examinons ce que la cédule va devenir entre les mains du requérant.

Ou il a de gros paiemens à faire ;

Ou bien il n'en a que de médiocres ;

Dans le premier cas, il y a vingt à parier contre un, que sa cédule sera reçue pour comptant, comme le seroit une bonne lettre de change, sous la déduction de l'escompte, parce que le nombre de ceux sur qui la solde générale vient à tomber, et qui de plus ont fait déjà des dispositions pour un autre emploi de leurs capitaux, est extrêmement petit. Il ne sera donc presque point exposé à recourir à la bourse des capitalistes.

Dans le second cas, il est forcé de s'y adresser ; mais si au lieu d'une seule cédule, il a eu la précaution de la distribuer en plusieurs coupons, ce qui ne l'entraîne pas dans d'autres dépenses que de 3 francs pour chaque coupon, le voilà encore plus ou moins débarrassé de toute recherche de fonds.

Et c'est ainsi que diminue la concurrence des emprunteurs, et augmente celle des prêteurs dans le système cédulaire.

Nous insistons particulièrement sur ces effets, parce qu'il en sera fait bientôt de nouvelles applications.

Troisième objection. *L'emprunteur, effrayé de l'embarras des formes et de l'étendue des frais*, ou pressé par le besoin *qui ne lui laissera ni le tems ni le moyen d'y satisfaire, sera obligé d'entrer en composition avec le capitaliste, qui lui fera payer, par un supplément d'intérêt, le sacrifice réel ou apparent de la sûreté de sa créance. Il demeure donc évidemment prouvé que dans tous les cas on ne retirera d'autre fruit du système cédulaire que la hausse de l'intérêt de l'argent.* Page 14, lignes 27—35.

Réponse. Par tout ce qui a été développé précédemment, il ne nous reste à réfuter de cette dernière objection que la circonstance où l'emprunteur, *pressé par le besoin qui ne lui laisseroit ni le tems ni le moyen de faire céduler ses biens*, seroit obligé de se mettre à la discrétion du prêteur.

Des hommes, qui paroissent avoir saisi la nature sur le fait, prétendent qu'il n'y a pas généralement en France et même en Europe, plus d'un paresseux ou d'un imprévoyant sur 40 individus. Si ce calcul est vrai, ceux qui, étant solvables, se trouveroient tellement pressés du besoin qu'ils n'auroient pas le tems de céduler, ne doivent pas faire craindre une assez grande concurrence d'emprunteurs, pour opérer un mouvement sensible dans l'intérêt de l'argent. N'ont-ils donc pas d'ailleurs la ressource de leurs parens, de leurs amis ; celle de leur solvabilité, sinon justifiée au moins présumée par leur notaire ou les personnes recommandables du lieu de leur domicile ou de celui de la situation de leurs biens, qui atténue nécessairement la cupidité du prêteur : et enfin la ressource d'un prêt à terme très-court, d'un mois, par exemple, pour attendre la cédulisation qui doit les tirer d'embarras ? En un mot, ne peuvent-ils donc plus contracter par la voie de l'obligation notariée ?

§. II.

Du crédit des propriétaires.

De toutes les objections faites par le rapporteur sur ce point, on ne s'arrêtera qu'à une seule, parce que les autres sont résolues d'avance.

Objection. *Dans l'ancienne législation, le propriétaire pouvoit engager la totalité de ses propriétés foncières : dans le nouveau régime il n'en peut hypothéquer que les trois quarts ; sans doute ce n'est pas là un accroissement de crédit.*

On peut dire qu'il n'est pas défendu au propriétaire d'engager par les voies ordinaires le quart des biens territoriaux, qu'il ne peut céduler.

Mais il est sensible que le propriétaire ne trouvera aucun crédit sur une portion de biens que l'on saura pouvoir être absorbée par les cédulisations antérieures et les agens de la conservation.

Alors cette portion restera véritablement séquestrée dans la main du propriétaire, sans qu'il puisse en user. L'effet du système cédulaire sera donc de diminuer au lieu d'accroître le crédit des propriétaires. Page 15, lignes 3—6, 18—28.

Réponse. L'incertitude de solvabilité qui étoit un des élémens de l'ancien régime hypothécaire, suffisoit seule pour rendre impossible ou usuraire le prêt à intérêt; et l'on ne regardoit en général comme bon placement que celui sur privilège accompagné de lettres de ratification. Venoient ensuite les placemens avec subrogation à d'anciennes hypothèques; car chacun étoit réduit à se faire ce raisonnement avant de prêter ses fonds : *puisque, malgré toutes mes sollicitudes, je ne puis avoir que des notions imparfaites de l'actif immobilier et du passif de l'emprunteur, la chance la moins défavorable que j'aie à courir, c'est de succéder à un ancien créancier payé de mes deniers, et plus le titre de celui-ci sera vieux, moins il y aura de risque pour moi.*

Dans un tel ordre de choses, le crédit des propriétaires étoit nécessairement très-au-dessous de leur solvabilité effective; et ce mince crédit étoit encore affoibli par le déchet effroyable que subissoit le gage en passant au milieu des décrets forcés, des baux et ventes judiciaires, des consignations, ordres et distributions de deniers.

Dans le nouveau régime, au contraire, plus de doutes, plus d'incertitudes sur la solvabilité. Les trois quarts de la propriété sont offerts à tous les engagemens possibles, par jugement, par obligation notariée, par cédule; plus de décrets forcés ni de baux judiciaires, l'ordre est tout fait et continuellement à jour sur le livre de raison des hypothèques.

L'ancien régime comportoit-il donc une telle extension de crédit? et le propriétaire soupçonné seulement d'être engagé au-delà des deux tiers de sa fortune, trouvoit-il une seule bourse ouverte à ses besoins, si ce n'est aux conditions les plus onéreuses et les plus barbares? et des prêts de cette nature ne conduisoient-ils donc pas au renversement de la prospérité publique?

§. III.

Du crédit des commerçans.

Il s'agit, dit le rapporteur, *d'examiner ici les effets du système cédulaire sur le commerce en général, et cette partie exige une attention particulière.* Page 17, lignes 3—6.

Il a raison; mais voyons ses argumens.

Le crédit des commerçans diffère du crédit des propriétaires, en ce que celui-ci est fondé sur un objet réel, et que l'autre ne repose que sur la confiance.

Ainsi, en supposant le succès du système cédulaire, que deviendroit le crédit des commerçans? Nul, absolument nul.

Le capitaliste qui auroit à choisir entre la cédule du propriétaire et le simple billet du négociant; préféreroit sans doute la cédule, qui lui donneroit une garantie certaine, à un effet sur lequel il courroit le risque de la perte de ses fonds; et le commerçant ne trouveroit plus de capitaux pour activer ses spéculations.

De-là l'anéantissement du commerce, la ruine des établissemens manufacturiers, et la stagnation de l'industrie. Page 17, lignes 21—34.

Réponse. Tous les prêteurs, quoiqu'animés du même esprit, ne spéculent cependant pas de la même manière. Ainsi les uns préfèrent leur sûreté à de grands profits, voilà la part des agriculteurs ou des propriétaires de biens fonds : les autres se contentent d'une solvabilité morale, ou simplement présumée, en faveur du plus haut intérêt de l'argent; voilà la part du commerce.

Ainsi l'escompte ou l'intérêt du prêt sur hypothèque privilégiée, étoit, en 1790, de 4 pour cent, tandis que celui sur hypothèque ordinaire montoit communément à 5, et les prêts faits dans le commerce s'élevoient à 6. Cet ordre de choses, d'où il résulte que l'intérêt personnel, tant calomnié et si peu connu ou analysé, pourvoit, cependant, à tous les besoins de la société; cet ordre admirable de la nature sera-t-il interverti par la présence de la cédule hypothécaire? En la voyant, les hommes cesseront-ils d'aimer de plus grands profits que ceux qu'elle offriroit à leur cupidité? En un mot la part du commerce en sera-t-elle affoiblie?

Non, l'organisation humaine y résiste invinciblement.

Prétendroit-on que la cédule deviendra nuisible à la lettre de change?

Mais celle-ci, établie principalement sur les relations de commerce de nation à nation, a pour objet essentiel d'opérer, de proche en proche, la solde générale, sans recourir à d'autre mouvement ou sortie d'espèces métalliques que celles qui deviendroient indispensables à la nation débitrice, si de part et d'autre tous les comptes étoient apurés. Or, pour produire cet avantage précieux, il est indispensable que la lettre de change puisse, selon les diverses circonstances, être payable hors du territoire de la nation dans le sein de laquelle elle a pris naissance; mais ce dernier caractère est incompatible avec la nature de la cédule. Donc elles ne pourront se nuire réciproquement.

La cédule ne nuira pas davantage au billet à ordre; car l'émission de celui-ci étant fondée sur la confiance que s'accordent mutuellement les négocians qui en font usage dans leur commerce intérieur, sans la faire dériver d'aucune solvabilité immobiliaire, il est indifférent pour eux qu'il existe ou des cédules ou des lettres de change. Seulement, lorsque, pour arriver à une solde quelconque, le billet à ordre, suffisamment garanti par des endosseurs, ira trouver la bourse du capitaliste, il la trouvera ouverte au taux réglé par la concurrence pour ces sortes d'effets.

Mais, et c'est ici que nous demandons la même attention que le rapporteur a sollicitée sur cette question véritablement importante, la lettre de change et le billet à ordre ajoutant leur masse à la circulation des espèces métalliques, ne peuvent pas servir ainsi de monnoie à ceux qui en font usage, sans les dispenser en même temps de recourir aux capitalistes, excepté, comme on l'a dit ailleurs, dans le cas très-rare d'une solde à effectuer. C'est la raison pour laquelle la concurrence des emprunteurs étant devenue moins considérable, et celle des prêteurs s'étant accrue dans la même proportion, aux diverses époques où ces deux signes d'échange ont été introduits dans la société ou y ont reçu de plus grands développemens, il en est résulté nécessairement une baisse dans l'intérêt ou le prix de l'argent, et cette baisse devra se faire sentir de nouveau par la présence de la cédule.

Cela posé, si, comme on l'a suffisamment expliqué sur les autres objections du rapporteur, il est dans le caractère essentiel de la cédule de suppléer, par son propre crédit, aux emprunts effectifs sur hypothèque, en les rendant moins nécessaires et sur-tout beaucoup moins fréquens que par le passé, ainsi que l'exemple des lettres de change et billets à ordre l'a démontré sans réplique, il est clair qu'il se trouvera alors dans toutes les bourses une plus grande quantité de capitaux sans emploi.

Les capitalistes les laisseront-ils oisifs à leur propre détriment? Non. Ils les dirigeront donc, comme par le passé, et en plus grande abondance, vers le commerce, les fabriques, les manufactures, et en général vers toute espèce d'industrie dont le succès soit moralement assuré, mais toujours avec les différences d'intérêt attachées aux divers dégrés de solidité du prêt; car aucun système, aucune disposition législative, ne peut rendre uniforme, pour tous les cas, l'intérêt de l'argent.

Ainsi donc si les besoins du commerce ne se trouvent pas plus étendus qu'auparavant, l'effet naturel et indispensable du système cédulaire est de faire baisser l'intérêt de l'argent aussi bien en faveur du commerce que des propriétaires de biens fonds.

Tels sont les vrais principes en cette matière.

Le rapporteur examine ensuite la question de savoir si le commerce pourroit être aidé utilement par la cédule du propriétaire qui, n'en ayant pas besoin pour ses propres affaires, imagineroit de faire céduler ses biens pour prêter à intérêt soit la cédule elle-même, soit les capitaux effectifs qu'elle lui auroit produits par la voie de l'escompte.

Nous ne suivrons pas le rapporteur dans ses raisonnemens sur cette question, parce que, d'une part, elle devient absolument indifférente à la solution de la question principale, et que, de l'autre, la négociation dont il s'agit ne pourroit avoir de succès qu'autant qu'elle renfermeroit des avantages réciproques, et dans ce cas il n'y a point de doute qu'elle ne soit utile au commerce.

§. I V.

Du crédit public.

Le rapporteur ouvre ce paragraphe par discuter la question de savoir si la cédulisation des domaines nationaux auroit quelque succès.

Rien ne seroit plus inutile de notre part que d'examiner la même question, puisque les domaines nationaux doivent être échangés à vue contre les mandats dont ils sont la représentation, et qu'à l'égard des forêts nationales il seroit peut-être dangereux d'en laisser exproprier la nation, ce qui, par cette raison, ne paroît les rendre susceptibles d'aucune cédulisation.

A l'égard de ses objections en matière de crédit public, les voici :

Première objection. *La concurrence des cédules hypothécaires avec les mandats doit faire tomber ceux-ci.* Page 21, lignes 4—6.

Réponse. Pas plus que le billet à ordre ne fait tomber la lettre de change, et l'un ou l'autre de ces deux papiers ne fera tomber le mandat, puisque la cédule ne peut entrer forcément dans la circulation : qu'en un mot elle ne seroit, avec la lettre de change et le billet à ordre, qu'un supplément volontaire à l'insuffisance reconnue des deux milliards quatre cent millions de mandats.

Deuxième objection, traduite littéralement. *Il ne seroit pas même étonnant, si on donnoit ce nouvel aliment à l'agiotage, de voir l'étranger aspirer les cédules particulières, comme il a pompé notre or, et Pitt devenir un jour le plus riche propriétaire de la république française.* Page 21, lignes 2—11.

Réponse. Pitt se gardera bien d'une pareille sottise, car avec les capitaux effectifs que cette opération laisseroit échapper de ses mains et rameneroit au sein de notre patrie, nous lui ferions voir encore plus beau jeu.

Troisième objection. *D'un autre côté, ce système offriroit en outre le moyen le plus sûr pour favoriser l'émigration, et faire passer en même-temps nos richesses territoriales dans la main de nos ennemis.*

Le mécontent, qu'un fol orgueil pourroit encore déterminer à abandonner sa patrie pour mener la vie errante du cosmopolite dans d'autres états;

Le traître et le conspirateur qui voudroient aller cacher leur honte, ou méditer de nouveaux forfaits sur une terre étrangère, emporteroient leurs propriétés dans leur porte-feuille, et les feroient réaliser chez les banquiers de Londres et de Hambourg. Alors ils ne pourroient être atteints ni dans leurs personnes ni dans leurs biens, et la société perdroit tout espoir de pouvoir exercer l'indemnité qui lui seroit due. Page 21, lignes 12—26.

Réponse. Rien n'empêchant actuellement l'ennemi de sa patrie, qui projette en silence son émigration, de vendre ses propriétés territoriales, ou de les engager, par acte devant notaires, cette objection n'en est plus une contre le système cédulaire.

Ajoutons que le décret du 28 mars 1793, contre les émigrés, section 7, et principalement l'article 45, qui forme le dernier état de la législation sur ce point, maintient formellement la validité des actes authentiques d'expropriation ou d'emprunt antérieurs à l'émigration; et que, s'il n'en étoit pas ainsi, personne ne voudroit acheter ni prêter, à moins d'être autorisé à retenir en arrestation le vendeur ou l'emprunteur jusqu'à la paix générale.

Quatrième objection. *L'état devient tributaire envers la caisse des agens de la conservation des hypothèques pour l'inscription des créances actives et passives de la république.* Page 22, lignes 11—15.

Réponse. Ni pour les unes ni pour les autres, attendu 1°. que celles passives, depuis que le trésor public en est chargé, et qu'elles sont soumises à une liquidation générale et commune, ne reposent plus nominativement sur les biens nationaux qu'elles avoient originairement pour gage spécial, la loi en ayant affranchi ces biens pour les rendre plus disponibles; 2°. Qu'à l'égard des créances actives le débiteur du trésor public doit, en dernier résultat, rembourser les frais de leur inscription.

Au surplus, une disposition légale peut encore dispenser le trésor public d'en faire l'avance, et il est vraisemblable que le rapporteur l'auroit proposée, s'il eut été de l'opinion, non du renversement du code, mais de son amélioration.

La cinquième et dernière objection sur cette matière est relative à la contribution foncière; nous y répondrons page 18 ci-après.

§. V.

Des ministères inutiles.

Dans le nouveau régime hypothécaire établi par la loi du 9 messidor, an 3, le nombre des conservateurs des hypothèques est le même que celui des préposés qui étoient chargés à cette époque de recevoir les oppositions et de délivrer les lettres de ratification; mais comme les nouvelles formes rendent inutiles les oppositions et les lettres de ratification, il en résulte la suppression des fonctions de gardes des sceaux, et de greffiers expéditionnaires, indépendamment de quoi il n'y a plus besoin de recourir au ministère des huissiers pour conserver ses hypothèques, leur incription devant se faire à la présentation du titre.

Il n'y a plus aussi de saisies réelles, subhastations, criées, décrets forcés, baux judiciaires, etc., ni par conséquent aucun de ces moyens honteusement légaux de consommer la ruine des débiteurs et des créanciers au profit des officiers ministériels de la justice.

Une autre amélioration non moins importante, c'est que l'ordre des hypothèques est toujours prêt et sans cesse à jour sur le livre de raison des hypothèques, en sorte que la distribution du prix, en cas de vente judiciaire, est d'une telle simplicité, que le juge de paix le moins instruit se trouve en état de l'ordonner.

Ce n'est pas tout, la responsabilité qui pèse sur le conservateur, dans le cas de cédulisation, est de telle nature qu'il a le plus grand intérêt à ce que la chose ne puisse être vendue au-dessous de sa vraie valeur.

Nous n'appuierons pas de citations ces avantages du nouveau régime hypothécaire, attendu qu'il suffit de lire le code pour se convaincre de la vérité de ces propositions; et c'est vraisemblablement la cause pour laquelle le rapporteur n'en a pas parlé.

Mais il prétend que l'organisation de la conservation générale des hypothèques est vicieuse, et voici ses objections à cet égard.

1°. *On ne voit pas que le conservateur général soit tenu de rendre aucun compte au directoire exécutif.* Page 24, lignes 27—28.

Réponse. A qui donc les rendroit-il, puisque la constitution ne permet point au corps législatif d'administrer, ni par conséquent de les recevoir?

2°. *L'administration dont il est le chef, n'est dans les attributions d'aucun ministre*, etc.... Page 24, lignes 29—35.

Réponse. C'est une omission de la loi du 10 vendémiaire an 4, sur l'organisation du ministère, et qu'il importe de réparer, mais avec quelques précautions indispensables, pour ne point altérer la responsabilité de l'administration des hypothèques envers les créanciers et porteurs de cédules

cédules ; car le crédit tient à cette base fondamentale. Au reste, l'attribution dont il s'agit ne peut rouler qu'entre le ministre de la justice et celui des finances.

3°. Vient ensuite le détail de la composition des bureaux de la conservation des hypothèques, d'où il fait dériver *la multiplicité des employés*, sans s'appercevoir que, comme ils sont au propre compte de la chose, leur nombre doit être infiniment plus petit que dans tout autre système d'administration, et qu'à l'égard des conservateurs particuliers il n'y en a que trois qui aient été obligés de se faire aider, non par plusieurs, mais par un seul agent, comme il n'y en a jusqu'à présent que neuf qui se soient trouvés dans la nécessité de recourir, EN PAYANT, à la location de maisons nationales qui, sans cette circonstance, seroient demeurées vacantes.

4°. Après ces observations le rapporteur parle des produits du tarif, qu'il élève à 3 ou 4 millions pour la première année, et très-généreusement à 15 pour les suivantes.

Réponse. Étonné de l'assertion du rapporteur, nous avons jetté les yeux sur l'état des recettes et dépenses présumées de la conservation des hypothèques, qui a été fourni à la commission du code, peu de jours après sa formation, et nous avons reconnu que la plume du rapporteur avait recueilli par inadvertance la seconde ligne de cet état, où il s'agit du droit cédulaire perçu au profit du trésor public.

Lors de la recherche des bases d'après lesquelles les conservateurs des hypothèques devoient être salariés, on ne fut pas long-temps à s'appercevoir qu'un régime hypothécaire ayant pour condition essentielle et primordiale, d'une part la publicité des hypothèques ou l'établissement du passif immobilier, de l'autre la connoissance de l'actif qui doit en répondre, et pour résultat final la baisse de l'intérêt, deviendroit odieux aux citoyens et finiroit par manquer son objet si les fonctions des conservateurs étoient salariées au-delà du simple nécessaire. Elles furent donc calculées d'après ces principes ; et la convention nationale y ajouta la précaution d'ordonner (article 279 du code) que le tarif seroit revu tous les ans par le corps législatif, afin que si l'expérience le démontroit supérieur aux besoins du service il soit diminué ; inférieur, augmenté.

Que devient après cela l'assertion du rapporteur qui prétend, page 6 de son rapport, lignes 2–6, que le tarif est tellement conçu qu'une simple rente de 10 livres peut donner ouverture à une perception de droits montant à plus de 100 livres valeur métallique ?

De la Déclaration foncière.

Nous voici arrivés au moment de traiter la question des déclarations foncières que nous avons laissée deux fois en arrière.

Abstraction faite de toute autre considération que du cas d'une réquisition de cédules, la déclaration foncière n'est autre chose que l'état détaillé que le propriétaire, sans avoir besoin d'être stimulé par aucune disposition coërcitive, s'empresseroit de fournir au conservateur des hypothèques, pour le mettre en état de juger sainement, soit de la consistance et situation de chacun de ses biens, soit de leur valeur en revenu net et capital, soit enfin des titres qui l'en rendent propriétaire.

Cette déclaration devroit être en double expédition, l'une signée du requérant pour être laissée au conservateur, l'autre rendue au requérant après avoir été souscrite de la reconnoissance de dépôt, puisqu'elle doit les engager tous deux, celui-ci à payer les frais de l'expertise, s'il avoit exagéré la valeur de ses biens, l'autre à ne point provoquer d'expertise inutile, sous peine d'en supporter les frais.

Supposons actuellement qu'à l'échéance de la dette le débiteur vienne à manquer à ses engagemens, il est clair que ses créanciers doivent pouvoir retrouver entre les mains du conservateur tous les élémens de leur gage pour y exercer leurs droits ; car, dans cette circonstance, loin que le débiteur s'empresse de les fournir, il est probable au contraire qu'il emploiera tous ses efforts, toute son adresse, à leur en dérober la connoissance. Mais les titres de propriété ne sont et ne doivent plus être dans la main du conservateur ; il les a rendus au requérant. Donc la déclaration foncière doit y suppléer, et devient, en ce cas, un titre commun aux créanciers. Alors elle prend véritablement le caractère d'acte public ; et, sous ce rapport, la sûreté des créanciers, celle du conservateur, et le maintien du crédit sont également intéressés à ce que la loi prescrive les formes intrinsèques de cette déclaration pour l'empêcher de se prêter à l'arbitraire ou au caprice, et la forcer dès l'origine à remplir complettement sa destination.

Considérées à l'égard du propriétaire lui-même, les déclarations foncières, au moyen de l'article 19 de la loi qui les a pour objet, ne peuvent manquer de consolider la propriété entre ses mains et celles de ses successeurs légitimes. On en trouvera les motifs § 4, pages 18 et 19 des *Notions succinctes*, où cette matière a été suffisamment développée.

Cet avantage particulier a été si bien senti, que nous apprenons, par notre correspondance, qu'un nombre très-considérable de propriétaires, uniquement déterminés par le desir de consolider leur propriété, et sans avoir pour objet ni la cédulisation de leurs biens, ni le dégrèvement de leur contribution foncière, auroient déjà fait le dépôt de la déclaration de leurs biens territoriaux, si les frais qu'elle entraîne eussent été encore plus modiques ; et même que plusieurs d'entre eux n'ont point été arrêtés par cette considération.

Une tendance aussi marquée vers ce nouvel ordre de choses, nous fait desirer bien vivement de voir le corps législatif s'occuper de réduire ces frais au salaire le plus léger ; car alors les bons effets de la déclaration foncière seront nécessairement beaucoup plus rapides.

Si on examine ensuite ses usages, relativement à la contribution foncière, on trouvera qu'il est impossible à l'autorité publique de procéder à aucun dégrèvement sans que le contribuable se soit exécuté d'avance, en fournissant l'état détaillé de ses biens, et y mettant un prix : voilà donc encore la déclaration foncière.

Dans cet état, c'est à la loi sur la contribution foncière, comme nous l'avons fait entrevoir §. 9, page 20 des *Notions succinctes*, à prévenir, par la publicité des déclarations foncières, et par une peine quelconque infligée à la mauvaise foi, la réticence du contribuable, afin de rendre extrêmement rares les expertises.

Cette marche simple et naturelle est donnée par l'expérience de tous les cadastre existans en Europe ; et, en attendant les mesures dont on vient de parler, il n'a fallu, pour approprier la déclaration foncière au cas du dégrèvement, rien autre chose que de prescrire la confection d'une autre copie pour être déposée au greffe de la commune.

On a également pourvu, par cette dernière précaution, à l'un des premiers besoins de l'administration du droit d'enregistrement, et c'est ce que le rapporteur paroît n'avoir pas apperçu.

Au reste nous devons dire ici que l'expérience a fait reconnoître le besoin d'une ou deux corrections dans les dispositions de la loi sur les déclarations foncières, et qu'elles ont été indiquées à la commission.

Mais en voilà assez sur cette matière ; passons à la partie du rapport où il s'agit de la banque hypothécaire.

De la banque.

Sous le titre de résumé, le rapporteur s'exprime ainsi :

Quand on fixe attentivement le code hypothécaire, on remarque que le régime des hypothèques est fait uniquement pour le systême cédulaire. Celui-ci ne découvre pas aussi ostensiblement son véritable but.

Mais derrière le rideau on apperçoit une banque. Les prôneurs du sytême sont convenus que, sans ce secours, les cédules seroient d'un usage difficile pour le commerce intérieur et extérieur, de même que pour le service du gouvernement, et ils ont présenté les bases d'une banque hypothécaire, qui seroit caisse d'escompte et de placement des cédules.

Ainsi le systéme cédulaire a été imaginé pour l'établissement d'une banque, comme le [illegible] *des hypothèques l'a été pour l'introduction du systéme cédulaire.*

Tout est lié dans ce plan, au point que, sans le nouveau régime des hypothèques, le systéme cédulaire s'écroûle, et sans le systéme de la cédulisation, point de banque hypothécaire. Page 27 du rapport, lignes 7—24.

Réponse. Nous avons suffisamment démontré, pages 9 et 12 de ce mémoire, que les cédules et pour la plus grande partie, dans les payemens, hypothécaires entreroient volontairement, et pour la plus grande partie, dans les payemens, et que, par conséquent, il n'y en auroit que le petit nombre qui iroit à la recherche du numéraire effectif. Si donc il s'établit une banque dont l'objet soit de dispenser de la recherche même des capitaux, elle offrira aux emprunteurs ou de plus grands ou de moindres avantages que les capitalistes eux-mêmes.

Dans le premier cas, il est évident qu'elle rend un service important à la chose publique, puisqu'il en résulte forcément une nouvelle baisse de l'intérêt aussi profitable au commerce qu'aux propriétaires.

Dans le second cas, elle ne pourroit soutenir la concurrence avec les bourses particulières et périroit, même avant de naître, sans que la cédule en reçût le moindre choc.

D'où il suit, avec non moins d'évidence, que la cédule hypothécaire n'est point attachée à l'existence de la banque.

On prouve de même que le régime hypothécaire proprement dit, n'est pas lié irrévocablement à l'existence de la cédule; car effacez celle-ci du code et substituez-y une simple prise d'hypothèque sur soi-même donnant hypothèque à la date de la réquisition, et dont le certificat qui en seroit délivré par le conservateur, à l'expiration du mois, serviroit de fondement à un prêt qui ne pourroit s'effectuer que par acte devant notaires, et se négocier ensuite que par la voie du transport toujours devant notaires : voilà un mode d'où suit encore le vrai constat de solvabilité, et, par une suite nécessaire, le maintien de toutes les dispositions du code relatives au régime hypothécaire proprement dit.

Mais ce mode, quoique beaucoup moins défectueux que ce qui existe en France et dans plusieurs autres états de l'Europe, renferme néanmoins deux vices capitaux, le premier de ne point suppléer à la rareté du numéraire; le second de ne faire baisser que très foiblement l'intérêt de l'argent et d'être en opposition avec la quatrième condition exprimée dans les *Notions succinctes*, page 14.

Or le code hypothécaire du 9 messidor fait disparoître complettement ces deux inconvéniens.

Et voilà pourquoi ce systéme est *si bien lié* qu'on le purgeant d'un petit nombre de fautes qui s'y sont glissées, il seroit peut-être difficile de présenter à la fois, et sous un même point de vue, un ensemble aussi parfait de législation et d'économie politique.

Le conservateur général des hypothèques,

JOLLIVET.

De l'imprimerie de DU PONT, rue et maison de l'Oratoire.

www.ingramcontent.com/pod-product-compliance
Lightning Source LLC
LaVergne TN
LVHW020453230826
846091LV00008BA/3185

* 9 7 8 2 0 1 9 9 1 1 5 3 9 *